BEI GRIN MACHT SICH IHR WISSEN BEZAHLT

- Wir veröffentlichen Ihre Hausarbeit, Bachelor- und Masterarbeit

- Ihr eigenes eBook und Buch - weltweit in allen wichtigen Shops

- Verdienen Sie an jedem Verkauf

Jetzt bei www.GRIN.com hochladen und kostenlos publizieren

Bibliografische Information der Deutschen Nationalbibliothek:

Die Deutsche Bibliothek verzeichnet diese Publikation in der Deutschen National-
bibliografie; detaillierte bibliografische Daten sind im Internet über http://dnb.d-
nb.de/ abrufbar.

Impressum:

Copyright © 2013 GRIN Verlag, Open Publishing GmbH
Druck und Bindung: Books on Demand GmbH, Norderstedt Germany
ISBN: 9783668556034

Dieses Buch bei GRIN:

http://www.grin.com/de/e-book/378131/self-publishing-eine-gefahr-fuer-die-
geschaeftsmodelle-der-verlage

Ivan Kurtovic

Self-Publishing. Eine Gefahr für die Geschäftsmodelle der Verlage

GRIN Verlag

GRIN - Your knowledge has value

Der GRIN Verlag publiziert seit 1998 wissenschaftliche Arbeiten von Studenten, Hochschullehrern und anderen Akademikern als eBook und gedrucktes Buch. Die Verlagswebsite www.grin.com ist die ideale Plattform zur Veröffentlichung von Hausarbeiten, Abschlussarbeiten, wissenschaftlichen Aufsätzen, Dissertationen und Fachbüchern.

Besuchen Sie uns im Internet:

http://www.grin.com/

http://www.facebook.com/grincom

http://www.twitter.com/grin_com

Self-Publishing- Eine Gefahr für die Geschäftsmodelle der Verlage

Hausarbeit

Hochschule der Medien Stuttgart
Fachbereich Information und Kommunikation
Studiengang Wirtschaftsinformatik
Wintersemester 2013

Vorgelegt von: Ivan Kurtovic,

Stuttgart, 21. Oktober 2013

Kurzfassung

Gegenstand dieser wissenschaftlichen Ausarbeitung ist es die Gefahren für traditionelle Verlage in Deutschland aufzuzeigen, die durch das neue Geschäftsmodell des Self-Publishings entstanden sind. Hierfür werden wir im ersten Teil zunächst eine klare Begriffsbestimmung definieren und die Entwicklung von Self-Publishing in Deutschland und den USA beschreiben. Zusätzlich wird ein Überblick auf die Branchenzahlen der Verlagsbranche und des Self-Publishings in Deutschland gegeben. Im zweiten Teil zeigen wir die Vor- und Nachteile der zwei verschiedenen Publikationswege aus Autorensicht auf. Abschließend wird im Kapitel 4 eine Konklusion der beiden vorherigen Abschnitte aus dem Hauptteil gebildet.

Abstract

The object of this scientific elaboration is to show the dangers for traditional publishing companies in Germany, caused by the new business model of self-publishing. For this we will define part a clear definition and describe the development of self-publishing in Germany and the USA in the first. In addition, an overview of the branch figures of the publishing company branch and self-publishing in Germany is given. In the second part we indicate the advantages and disadvantages of the two different publication ways from the author's view. Finally a conclusion of both previous segments from the main part is formed in chapter 4.

Schlagworte:

Self-Publishing, Verlagswesen in Deutschland, Entwicklung Verlagswesen, Geschäftsmodelle

Key-Words:

Self-publishing, publishing industry in Germany, development publishing industry, business models

I

Inhaltsverzeichnis

Abbildungsverzeichnis

Abkürzungsverzeichnis

HdM   Hochschule der Medien, Stuttgart

BoD   Books on Demand

PoD   Print in Demand

bzw.   beziehungsweise

etc.   et cetera

ggf.   gegebenfalls

ISBN   Internationale Standardbuchnummer

usw.   und so weiter

vgl.   vergleiche

z.B.   zum Beispiel

USA   Vereinige Staaten von Amerika

€   Euro

$ Dollar

Mrd.   Milliarde

Mwst.   Mehrwertsteuer

Tabellenverzeichnis

1 Einleitung

„Unser Schicksal hangt nicht von den Sternen ab, sondern von unserem Handeln."

– William Shakespeare

Das Verlagswesen steht vor einem Umbruch. Durch das Aufkommen von neuen Geschäftsmodellen wie dem Self-Publishing und der immer digitaler werdenden Welt, haben die Verlage ihre Rolle als Gatekeeper verloren. Die Verlagswelt erlebt die größte Veränderung seit Gutenberg. Mit Aufkommen neuer Vertriebsstrukturen wie dem Internet und Veränderungen der Machtverhältnisse im Verlagswesen steht die Branche vor neuen Herausforderungen. Im Rahmen dieser wissenschaftlichen Arbeit soll somit herausgefunden werden welche Gefahren birgt das Self-Publishing für das traditionellen Verlagswesen in Deutschland und wie wird sich dieses zukünftig entwickeln. Zur Umsetzung der hier dargestellten Vorüberlegung und Zielformulierungen werden im 2 Kapitel dieser wissenschaftlichen Arbeit zuerst der Begriff Self-Publishing erläutert und abgrenzt. Danach werden die beiden internationalen Märkte USA und Deutschland hinsichtlich ihrer Entwicklung von Self-Publishing untersucht und miteinander verglichen. Es wird die grundsätzliche Funktionsweise eines traditionellen Verlags beschrieben und des Weiteren wird der deutsche Self-Publishing-Markt und das traditionelle Verlagswesen in Bezug auf seine Anzahl von Anbieter, Marktanteile und deren Konzentration untersucht. Im 3. Kapitel werden die verschiedenen Publikationswege von Autoren erläutert. Es werden die Vor und Nachteile für Autoren aufgezeigt welche sich bieten wenn man bei einem traditionellen Verlag publiziert oder ob man bei einem Self-Publishing-Anbieter ist. Danach werden noch die potenziellen Gefahren für traditionelle Verlage aufgezeigt, welche durch das Geschäftsmodell des Self-Publishings drohen. Im 4.Kapitel folgt die Interpretationen der beiden Kapitel 2 und 3 und es werden eventuelle Rückschlüsse miteinander verglichen und analysiert. Anschließend folgt ein Fazit und Ausblick.

2 Self-Publishing

Im Folgenden Kapitel wird auf den in Deutschland noch in den Entwicklungsschuhen stehenden Markt von Self-Publishing Anbietern eingegangen. Zuerst wird nun eine Begriffsbestimmung des Self-Publishing-Begriffs vorgenommen und es werden die beiden internationalen Märkte USA und Deutschland hinsichtlich seiner Entwicklung in Sachen Self-Publishing untersucht und verglichen.

Außerdem werden der deutsche Markt mit Branchenspezifischen Statistiken und Fakten in Bezug auf das Verlagswesen und Self-Publishing beschrieben und anhand der Zahlen mögliche Trends vorherzusagen.

Des Weiteren wird auf die Geschäftsmodelle des traditionellen Verlagswesen und deren Funktionsweise eingegangen und es werden die Wertschöpfungsstrukturen innerhalb des traditionellen Verlagswesens aufgezeigt.

2.1 Begriffsbestimmung Self-Publishing

Um besser verstehen zu können was Self-Publishing ist, wird in den folgenden Abschnitt genauer erläutert was darunter verstanden wird. Dadurch soll ein einfacherer Einstieg in die Arbeit ermöglicht werden.

Unter Self-Publishing versteht man das von einem Verlag unabhängige Verfassen und Herausgeben von Büchern, E-Books oder anderen Publikationen durch den Autor selbst und durch Beteiligung eines Self-Publishing-Anbieters.

Um den Begriff Self-Publishing hinsichtlich seiner wirtschaftlichen Funktionsweise genauer zu definieren und abzugrenzen muss in diesem Zusammenhang auf die deutschsprachige Bezeichnung "Selbstverlag" eingegangen werden (Quelle: in Anlehnung an Peemüller, 2011,S.22) welche eine andere Definition hat als das Self-Publishing. Beim "Selbstverlag" trägt der Autor beim kompletten Buchveröffentlichungsprozess, der unter anderem das Lektorat, Produktion, Marketing, Vertrieb etc. beinhaltet, die ganze Verantwortung und das finanzielle Risiko. Beim Self-Publishing hingegen muss der Autor sein Werk nicht vorfinanzieren sondern bezahlt die Vorleistung des Self-Publishing-Anbieters erst mit Verkauf einer Publikation und trägt somit kein Risiko.

2.2 Self-Publishing Entwicklung in den USA

Die Vereinigten Staaten von Amerika haben in Sachen Self-Publishing die Vorreiterrolle übernommen und haben anderen Ländern gezeigt wie die Verlage bzw. Autoren in den USA auf die Veränderungen auf dem Buchmarkt durch die zunehmenden Globalisierung und Digitalisierung reagiert haben.

Deutschland ist vergleichsweise bei der Digitalisierung noch ein Entwicklungsland(Quelle: die Zeit, 2012, Probst & Trotier) aber in den USA sah es vor drei Jahren nicht anders aus wie in Deutschland. Laut dem Zeit-Artikel Gigant ohne Geist von 2012 macht der E-Books-Umsatz in den USA ganze 15 Prozent vom Gesamtumsatz der Branche aus. Bei Belletristik liegt der Umsatz sogar schon über 30 Prozent.

Dass es sich bei der Entwicklung in den USA nicht um kurzen Trend handelte, bewiesen die E-Books Bestseller Liste die die New York Times im August 2012 veröffentlichte. Auf den ersten sieben Plätzen standen Namen von Autoren die ihre E-Books mit Hilfe eines Self-Publishing-Verlags herausgebracht haben. Daraus lässt sich ableiten das sich die Self-Publishing Branche von einem Nischenmarkt zu einem Massenmarkt entwickelt.

Bei dem Self-Publishing-Anbieter Amazon handelt es sich um den weltweit größten Player auf dem Self-Publishing Markt. Laut Probst & Trotier von der Zeit werden „90 Prozent aller E-Books werden über Amazon gekauft". Mit dem Herausbringen des eigenen E-Books-Reader „Kindle" hat Amazon einen weiteren strategischen Schritt gemacht um die Autoren und Kunden an sich zu binden und seine Marktmacht zu festigen.

Unbekannte Autoren haben nun die Möglichkeit, ihre Werke durch Self-Publishing-Anbieter herauszubringen und sind nicht mehr der Markteintrittsschranken von den großen traditionellen Verlagen unterworfen. Wie das Beispiel der US-Autorin E.L. James zeigt die Bücherreihe Shades of Grey über ein Self-Publishing-Anbieter namens Knopf Doubleday herausgebracht hat und dadurch zu finanziellem Reichtum gelangte.

Laut Zeit-Artikel Gigant ohne Geist verdienen Self-Publishing-Autoren weniger wie 500 Dollar im Jahr. Der Großteil der Autoren in den USA die ihre Bücher mit Hilfe eines Self-Publishing-Anbieters herausbringen und verkaufen, können davon ihren Lebensunterhalt nicht bestreiten. Da es zumeist nur um Hobby-Autoren handelt und nicht um professionelle Autoren. Die meisten Autoren kommen von traditionellen

Verlagen und bauen sich mit Hilfe der Self-Publishing-Anbieter ein weiteren Vertriebsweg auf.

Buchverlage in den USA sind durch die Globalisierung und Digitalisierung gezwungen sich den neuen Marktgegebenheiten auseinanderzusetzen. Die Buchverlage versuchen selbst ähnliche Plattformen wie Amazon zu gründen oder Nutzen Amazon selbst als Vertriebs-Plattform oder als wirtschaftlicher Partner.

2.3 Geschäftsmodelle eines traditionellen Verlags

In diesem Abschnitt soll auf das Geschäftsmodelle eines traditionellen Verlags und deren Funktionsweisen eingetragenen werden. Dabei bezieht sich dieser Abschnitt ausschließlich auf Buchverlage.

Als Buchverlage werden wirtschaftlich agierende Unternehmen bezeichnet die Werke der Literatur wie zum Beispiel Sachbücher, Romane, Wissenschaftliche Bücher, Belletristik produzieren und vertreiben. Dabei kümmert sich der Buchverlag um das gesamte Marketing und verwaltet die Nutzungsrechte des Autors. Außerdem ist der Verlag für ein fehlerfreies und formgerechtes Werk zuständig, dass wiederum durch das Lektorat geschieht.

Die Verlage wurden vor der Digitalisierung als sogenannte Gatekeeper bezeichnet weil sie als Monopolist entscheiden konnten ob sie aus der Vielzahl von Manuskripten welche von den Autoren zugeschickt bekommen haben diese dann publizieren werden.

Die traditionellen Verlage tragen dabei immer das finanzielle Risiko. Dies geschieht dadurch, dass der Verlag zuerst das Buch des Autors vorfinanziert. Damit ist gemeint, dass der Verlag sich um alle Belange des Autors kümmert. Vom Lektorat bis zur Werbekampagne für den Autor oder es werden mehrere Hundert Exemplare im teuren Offset-Druck gefertigt welche an nahmen Hafte Journalisten verschickt werden um auf sich Aufmerksam zu machen.

Dabei muss der Verlag gut kalkulieren um nicht in die schwarzen Zahlen zu geraten falls ein Buch nicht den wünschenswerten Erfolg bringt. Das lässt sich der Verlag absichern indem er vom Autor Nutzungsrechte einfordert und bei der Auswahl von Manuskripten wirtschaftlich vorausdenkend vorgeht.

Der Autor liefert im ganzen Wertschöpfungsprozess den geistig schöpferischen Teil welcher dann durch den Verlag in ein in Geldwert umgewandelt Produkt verwandelt wird. Dieses Produkt wird dann in vervielfältigter Form über den Buchhandel an die Leser vertrieben. Dadurch steigert der Verlag den Wert der geistigen Schöpfung und erwirtschaftet seinen Gewinn.

Eine wichtige Aufgabe des Verlags ist die ständige Qualitätskontrolle mit der das eigene Image gepflegt wird und Qualitätsverlust entgegen zu steuern. Ein weiterer Unterschied im Vergleich zu Self-Publishing-Anbietern ist das die Bücher bei traditionelle Verlage teurer sind. So lag der Durchschnittspreis laut dem Artikel Buch und Buchhandel in Zahlen der bei der im Boersenblatt.net 2013 erschien bei 25,63 Euro. E-Books hingegen kosten im Schnitt unter 5€.

Ein weiteres Zweig mit denen traditionellen Verlagen Geld verdienen sind Übersetzungen und der Handel mit Lizenzen. Außerdem erstellt der Verlag das Buchcover etc. unter Absprache mit dem Autor und Designern welche ihre Anregungen mit einfließen lassen.

2.4 Die Entwicklung von Self-Publishing in Deutschland

Im folgenden Abschnitt soll auf die Entwicklung von Self-Publishing in Deutschland eingegangen werden und wie sie sich gegenwärtig entwickelt und wie oder ob die Entwicklung aus den USA, sich in Deutschland wiederholen könnte.

Deutschland steht bei seiner Entwicklung in Sachen Self-Publishing im Vergleich zu den Vereinigten Staaten von Amerika noch weit zurück. Laut dem Zeit-Artikel Gigant ohne Geist 2012 beträgt der Anteil von verkauften E-Books am Gesamtumsatz gerade mal 1 Prozent. Durch den Markteintritt des Branchenriesen Amazon wird Self-Publishing in Deutschland immer populärer unter den Autoren und verliert so langsam sein ihm nachgesagtes zweitklassiges Image.

Dass die Self-Publishing Branche ein Imagewandel erfährt, sieht man daran, dass auch Universitäten, namenhafte Verlagsgruppen, Unternehmen etc. das Self-Publishing nutzen oder selbst als Anbieter fungieren. Der Trend des Self-Publishing in Deutschland geht immer weiter voran, das zeigt auch die wachsende Zahl von Self-Publishing-Anbieter in Deutschland wie z.B. Amazon, Bookrix, neobooks - das zur Verlagsgruppe Droemer und Knaur gehört, Epubli - das zur Verlagsgruppe Holtzbrink gehört, tribox etc. auf die im nächsten Abschnitt in Bezug auf Statistiken eingegangen wird.

Die Entwicklung Self-Publishing-Marktes geht so weit, das sich traditionelle Verlage und der Trend des Self-Publishings immer mehr annähern und zusammen verschmelzen.Generell lässt sich die Amerikanische Trend auf die Deutsche Entwicklung übertragen wie das deutsche Literaturinstitut der Universität Leipzig im Februar 2012 bei einer Umfrage auf der Leipziger Buchmesse zum Thema Chancen und Risiken der Digitalisierung herausgefunden hat.

Dabei wurden 80 Autoren und 30 Verlage zu Ihrer Meinung gefragt. Eine Frage lautete:

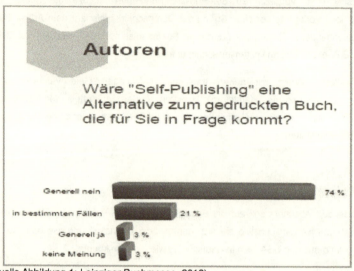

(Quelle Abbildung 1: Leipziger Buchmesse, 2012)

2.5 Aktuelle Branchenzahlen von Self-Publishing in Deutschland

In diesem Abschnitt soll ein kurzer Überblick über die momentane Situation von Deutschen Self-Publishing-Anbietern sowie Self-Publisher bezüglich Ihrer Anzahl und Umsätze etc. gegeben werden. Die nachfolgenden Zahlen und Statistiken stammen von Branchenexperten und dem wöchentlich erscheinenden online Magazin für den deutschen Buchhandel boersenblatt.net welches im August 2013 erschien.

Laut Sören Schulz Geschäftsführer vom Self-Publishing-Dienstleister tredition der eine Studie in Auftrag gegeben hat, die von der Unternehmensberatungsfirma Kirchner + Robrecht durchgeführt wurde, werden in Deutschland 2013 850.000 E-Books-Exemplare erhältlich sein.

Laut einer Studie von GfK Panel Services Deutschland über E-Books, die vom Börsenverein beauftragt worden sind, haben rund 53 Prozent aller Verlage in

Deutschland E-Books im Programm. 2010 waren es 35 Prozent. Der am Gesamtumsatz beteiligte Wert von E-Books betrug 9,5 Prozent.

Mittlerweile werden auch bei allen Neuerscheinungen E-Books Versionen herausgebracht. Die Verlage verkaufen ihre Bücher zu 14 Prozent direkt. 72 Prozent werden über den Onlinebuchhandel verkauft.

Laut dem deutschen Blog Verlag der Zukunft der von Marcel Knöchelmann betrieben wir, sind die bekanntesten in Deutschland ansässigen Self-Publishing-Anbieter:

Bookrix mit 375.375 Mitglieder und 96.700 E-Books, neobooks mit 10.000 Mitgliedern und 6000 E-Books, Epubli 1600 eBooks und 4700 Printausgaben, tribox 800 Autoren 118 E-Books und 56 Printausgaben und Amazon welcher keine genaue Zahlen über seine herausgibt.

Im Zeit Artikel Amazons Pläne für den Buchmarkt von 2013 schreibt Astrid Herbold die Self-Publisher in den letzten Jahren bei Amazon über hunderttausend E-Books hochgeladen. Das sieht man auch in der Studie BoD-Self-Publishing-Studie von 2013. Autoren vollen mehr Kontrolle und Mitspracherecht.

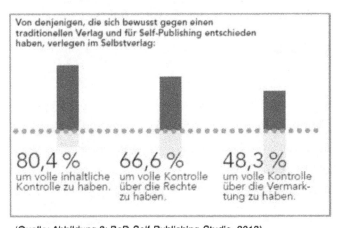

(Quelle: Abbildung 2: BoD-Self-Publishing-Studie, 2013)

Das verdeutlicht auch die Abbildung 2 in der man sieht das Self-Publisher, welche sich bewusst gegen einen traditionellen Verlag entschieden als Hauptgrund angaben, dass dadurch die Kontrolle über inhaltliche, rechtliche sowie das Marketing behalten.

(Quelle: Abbildung 3: BoD-Self-Publsihing-Studie, 2013)

Laut der Studie BoD-Self-Publishing-Studie welche 2013 erschien und sich auf Deutschland bezog, liest man heraus das es drei Gruppen von Autoren gibt:

Hobbyautoren, die die größte Gruppe ausmachen mit 74%, Berufsautoren mit 17,4% und Expertenautoren die 8,6% ausmachen.

Dabei sehen die Verdienstmöglichkeiten folgendermaßen aus:

„Angaben der Künstlersozialkasse zufolge lag das Durchschnittseinkommen von Schriftstellern hierzulande im Jahr 2010 bei knapp 13.500 Euro, Autorinnen verdienten dabei sogar noch 2.800 Euro weniger." (Quelle: Ansgar Warner, 2012,   e-book-news.de).

2.6 Aktuelle Branchenzahlen der Verlagsbranche in Deutschland

In diesem Abschnitt soll ein kurzer Überblick über die momentane Situation von Deutschen Verlagen bezüglich Ihrer Anzahl und Umsätze etc. gegeben werden. Die nachfolgenden Zahlen und Statistiken stammen von dem wöchentlich erscheinenden online Magazin für den deutschen Buchhandel boersenblatt.net welches im August 2013 erschien.

Laut Statistischem Bundesamt gab es 2011 2243 Verlage in Deutschland. Dabei wurden bei dieser Statistik nur Verlage berücksichtigt ab einem Jahresumsatz 17.500 Euro ohne Mehrwertsteuer.

2012 wurden insgesamt 79.860 Werke raus gebracht. Wenn man die Neuerscheinungen dazu rechnet sind im Jahre 2012 91.1000 Werke verkauft worden. Das ist der niedrigste Wert seit 2005.

Die Warensegmente von traditionellen Verlagen gliedern sich in folgende Bereiche: Belletristik welche 2012 35 Prozent des Gesamtumsatzes der Verlagsbranche ausmachte, Erstauflagen machten 2011 18,5 Prozent vom Gesamtumsatz aus. Weitere Bereiche sind Kinder und Jugendbücher 15,6 Prozent, Ratgeber 13,8 Prozent, Sachbücher 9,3 Prozent, Schule und Lernen 8,9 Prozent.

2012 arbeiteten in der deutschen Verlagsbranche 120.218 Beschäftigte.

Der ganze deutsche Buchmarkt hatte 2012 ein gesamt Volumen von 9,5 Mrd. 9,5 Prozent vom Umsatz fallen auf den Bereich E-Books. Auf den Sortimentsbuchhandel fallen dabei 4,5 Milliarden.

Damit ist der Sortimentsbuchhandel immer noch der wichtigste Vertriebsweg. Wenn man alle Verlage nach ihrer Anzahl und Umsatz aus dem Jahre 2008 sortiert sieht man folgende Verteilung in der folgenden Tabelle:

Umsatzgrössenklasse	Anzahl der Verlage 2008		Umsatz 2008 (in 1.000 Euro)	
13.500-50.000 Euro	592	21,2%	19.241€	0,2%
50.000-100.000 Euro	436	15,6%	31.642	0,3%
100.000-250.000 Euro	545	19,6%	87.869€	0,8%
250.000-500.000 Euro	357	12,8%	125.760€	1,1%
500.000-1 Mio. Euro	254	9,1%	176.771€	1,6%
1 Mio.- 2 Mio. Euro	199	7,2%	287.086€	2,6%
2 Mio.- 5 Mio. Euro	195	7,0%	605.967€	5,4%
5 Mio.- 10 Mio. Euro	70	2,5%	487.583€	4,3%
10 Mio.-25 Mio. Euro	75	2,7%	1.156.202€	10,3%
25 Mio. Euro und mehr	64	2,4%	8.233.286€	73,4%
Insgesamt	2787 Betriebe	100%	11.211.40€	100%

(Quelle: Tabelle 1: Romy Peemüller, 2011, S.12)

Anhand dieser Tabelle kann man die Konzentrationsprobleme der Verlage herauslesen. 140 Verlage teilen sich 85 % des Gesamtumsatzes. Der Rest verteilt sich auf mittlere und kleinere Verlage (Vgl. Romy Peemüller, 2011, S.12)

Dabei sind die in folgender Abbildung die 10 Umsatzstärksten Verlage von 2008 in Deutschland aufgelistet:

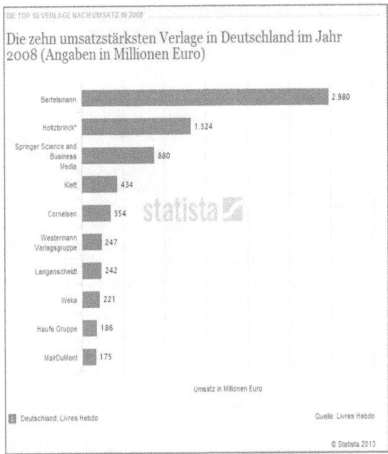

Die zehn umsatzstärksten Verlage in Deutschland im Jahr 2008 (Angaben in Millionen Euro)

Bertelsmann — 2.980
Holtzbrinck* — 1.324
Springer Science and Business Media — 880
Klett — 434
Cornelsen — 354
Westermann Verlagsgruppe — 247
Langenscheidt — 242
Weka — 221
Haufe Gruppe — 186
MairDuMont — 175

Umsatz in Millionen Euro

Deutschland; Livres Hebdo

Quelle: Livres Hebdo

© Statista 2013

(Quelle: Abbildung 4: Statista, 2013)

Rechnet man alle Umsätze von den 10 größten Verlagen in Deutschland zusammen, ist die Verlagskonzentration noch deutlicher.

3 Publikationswege aus Autorensicht

In diesem Kapitel werden die zwei verschiedenen Publikationswege aus Autorensicht untersucht. Zu Beginn wird die klassische Methode mit Hilfe eines Verlags ein Buch zu veröffentlichen unter Aufzeigung der Vor- und Nachteile erläutert.daraufhin wird untersucht, welche Vor- und Nachteile im Self-Publishing bestehen bei dem ein Buch ohne die Unterstützung eines Verlags publiziert wird.

3.1 System: Autor und Verlag (Pro und Contra)

In diesem Abschnitt werden die Vor- und Nachteile aus Autorensicht bei einer Publikation mit Hilfe eines traditionellen Verlags aufgezeigt.

Pro

Das Unternehmen „Verlag" ist ein produzierender Medienbetrieb und gilt als Mittler zwischen Autor und Leser. „Der Verlag kreditiert die Herstellung der Produkte und sucht aufgrund seiner Marktkenntnisse das vorgelegte Kapital durch den Verkauf mit Gewinn zu erwirtschaften" (Quelle: Rautenberg, 2003, S.514).Für den Autor bedeutet das, dass er sich ausschließlich dem kreativen Prozess des Schreibens widmen kann und der Verlag für die Kosten aufkommt bzw. dem Autor einen finanziellen Vorschuss gewährt. Der Verlag ist zuständig für Herstellung, Vertrieb und Vermarktung der Werke, welche über ihn veröffentlicht werden. „Dieses Wertschöpfungs- und Verwertungskonzept richtet die unternehmerische Kompetenz somit ganz auf die Monetarisierung ausgewählter Inhalte aus." (Quelle: Romy Peemüller, 2011, S.43)

Eine Schlüsselkompetenz des Verlages ist das Lektorat, in welchem die Manuskripte der Autoren geprüft, beurteilt und eventuell bearbeitet werden. Nach der Annahme des Manuskripts ist es sowohl durch die intensive Zusammenarbeit mit dem Autor, die sich beispielsweise durch Verbesserungsvorschläge kennzeichnet, als auch durch die Überwachung des Produktionsprozesses zusammen mit dem Autor kontinuierlich an der Fertigstellung des Buches beteiligt. Der Verlag steht dem Autor durch das Lektorat also beratend und unterstützend zur Seite und fungiert hier als „inhaltlicher Sparringpartner"(Vgl. Romy Peemüller, 2011, S.43) Diese umfangreiche Hilfeleistung ist bei einer Selbstveröffentlichung nicht gegeben.

Der Autor profitiert vom Namen eines Verlages und dessen Bekanntheit, da viele Leser einen Verlag als „Marke" oder „Qualitätssiegel" wahrnehmen und so einen Leserstamm bilden. Sobald sich ein Verlag also dafür entscheidet ein Buch in sein Verlagsprogramm aufzunehmen, wird dem Autor der Zugang zum Lesermarkt deutlich erleichtert, da der Verlag so eine Aussage über die Relevanz und die qualitative Eignung des Inhalts trifft (Vgl. Romy Peemüller, 2011, S.43).

Eine weitere Stärke des Verlages ist die Kompetenz, über die er im Bereich der Herstellung verfügt. Zwar verfügen die meisten Verlage nicht über eigene Druckereien und beauftragen deswegen externe Druckereibetriebe mit der Herstellung, jedoch sind sie für die Planung, Koordination und Kontrolle des Herstellungsprozess zuständig. Da Verlage oft Inhalte auf mehreren unterschiedlichen Trägermedien veröffentlichen, sind sie in der Lage mediale und technologische Trends wie z. B. Social-Media-Marketing frühzeitig zu erkennen und auf diese zu reagieren (Vgl. Romy Peemüller, 2011, S.44).

Aufgrund dieser Entlastung seitens des Verlages kann sich der Autor ganz auf den Prozess des Schreibens fokussieren.

Des Weiteren profitiert ein Autor von der guten Anbindung eines Verlags an das Händler- und Branchensystem und seiner professionellen Vertriebsstruktur. Eine enge Zusammenarbeit zwischen Buchhandel und Verlag besteht aufgrund der stets wichtigen Rolle, die das Printmedium in dieser Branche einnimmt (Vgl. Romy Peermüller, 2011, S.44). Verlagsbücher haben vor allem im stationären Buchhandel eine starke Präsenz. Laut einer Statistik des Börsenvereins des Deutschen Buchhandels, welche im Jahre 2011 erhoben wurde, erwirtschaftete allein der stationäre Buchhandel eine Summe von ca. 4,93 Milliarden Euro. Auch Self-Publishing-Anbieter verfügen über eine Vertriebsstruktur, können ihre Werke jedoch nicht so stark im stationären Buchhandel, also in den Regalen der Buchgeschäfte platzieren, da beim PoD-Konzept Bücher erst bei konkreter Nachfrage gedruckt werden (Vgl. Romy Peermüller, 2011, S.44).

Ein weiterer Vorteil ist die gute Vernetzung der Verlage innerhalb der Medienbranche. Diese wird genutzt um die Bekanntheit des Autors zu steigern. Der Verlag fungiert hier als sogenannter Türöffner und ermöglicht es dem Autor in Kontakt mit z. B. der Presse zu treten und Interviews zu geben. Außerdem werden Buchpräsentationen und – Lesungen für den Autor organisiert (Vgl. wasistmitbuechern.de, 2011).

Contra

Verlage sind als Gatekeeper für den Buchmarkt, besonders für den stationären Buchhandel, zu betrachten, da sie Inhalte vorselektieren und darüber entscheiden welche Werke letztendlich größtenteils in den Regalen der Buchhandlungen zu finden sind. Dies stellt eine erhöhte Eintrittsbarriere dar und hat zur Folge, dass ein Großteil der Autoren vom System Verlag – Autor ausgeschlossen wird.

Der Autor selbst hat im Gegensatz zu einer Selbstveröffentlichung mit einer Einflussnahme seitens des Verlags auf seine Inhalte zu befürchten. Der Verlag entscheidet letztendlich darüber in welcher Form, mit welcher Verkaufsstrategie und zu welchem Zeitpunkt das Buch veröffentlicht wird. Diese umfangreiche Unterstützung kann jedoch im Falle eines Interessenkonflikts mit dem Autor als Defizit wahrgenommen werden.

Durch die Komplexität der organisatorischen Struktur eines Verlages kann sich der Zeitpunkt der Veröffentlichung deutlich verzögern. Innerhalb des Verlages existiert ein hoher Kommunikationsbedarf zwischen den einzelnen Abteilungen. Im Vergleich zu einer Selbstveröffentlichung beansprucht ein Verlag schon während der Vorbereitung eine größere Zeit bis zur Veröffentlichung. Dies erweist sich vor allem dann als Nachteil, wenn das zu veröffentlichende Buch einen Bezug auf ein aktuelles Thema nehmen soll.

Bei einer Unterzeichnung eines Verlagsvertrags tritt der Autor die Nutzung- und Verwertungsrechte an diesen ab. Der Autor bindet sich demzufolge eng und über einen langen Zeitraum an den Verlag. Dies hat logischerweise auch eine geringere prozentuale Beteiligung des Autors am Verkaufserlös zur Folge. Bei einer Selbstveröffentlichung dagegen profitieren Autoren von einer wesentlich höheren Gewinnbeteiligung. Es lassen sich keine pauschalen Preise benennen, da die Gewinnbeteiligungen bei den Self-Publishing-Anbietern, je nach Umfang der erbrachten Dienstleistungen, variieren. Demnach liegt das Autorenhonorar bei einer Verlagsveröffentlichung zwischen 5 und 12 Prozent pro verkauftem Exemplar, bei einer Selbstveröffentlichung dagegen variieren die Zahlen zwischen 12 und 80 Prozent. Außerdem kann der Autor bei einer Selbstveröffentlichung direkt Einfluss auf die Preisfindung des Buchs nehmen (Vgl. Romy Peemüller, S.47, 2011).

Die eben erwähnten Nachteile aus Autorensicht bei diesem Publikationsweg finden sich auch in einer von den Autorenverbänden aus Deutschland, Österreich und der Schweiz beauftragten Umfrage vom 22.04.2013 wieder (Quelle: boersenblatt.de, 2013). Laut dieser Umfrage sind 21% der 1200 befragten Autoren unzufrieden mit ihrem Lektorat. Die Konditionen ihrer Verträge bemängeln 33% der Autoren.

Die vorgenommenen PR-Maßnahmen seitens ihrer Verlage halten 52 % der befragten Autoren für unzureichend. Laut der Umfrage scheint die die digitale Nutzung nur eine Nebenrolle für die Verlage zu spielen, denn nur rund jeder zweite neue Vertrag (55%) enthält eine Klausel zur digitalen Nutzung. Beim Thema Vergütung gaben 59 Prozent aller befragten Autoren an, weniger als 10 Prozent Tantiemen zu erhalten. Knapp jeder Dritte (33 Prozent) bekommt genau 10 Prozent. Über 10 Prozent bewegen sich noch im Bereich von 8 Prozent und keiner der Befragten erhält mehr als 12 Prozent Tantiemen für die Nutzung des Hauptrechts.

3.2 System: Autor und Self-Publishing (Pro und Contra)

In diesem Abschnitt werden die Vor- und Nachteile aus Autorensicht bei einer Publikation mit Hilfe eines Self-Publishing-Anbieters aufgezeigt.

Pro

Für Autoren gibt es mit den Self-Publishing-Anbietern eine Alternative ihre Inhalte zu publizieren. Autoren sind nun nicht mehr auf Verlage angewiesen und können auch ohne deren Unterstützung ihre Inhalte publizieren. Verlage halten nicht mehr die Rolle als sogenannte Gatekeeper inne und die hohen Eintrittsbarrieren für Autoren fallen weg. Die Kosten, die mir einer Selbstveröffentlichung verbunden sind, halten sich meist überschaubar. Die unterschiedlich umfangreichen Dienstleistungen die von den Anbietern erbracht werden, gliedern sich in unterschiedliche Pakete. Der Autor hat die Auswahl zwischen Basisdiensten und Premiumdiensten. Außerdem lassen sich Buchprojekte durch das Self-Publishing deutlich schneller realisieren, da der Autor über alle wichtigen Schritte im Vorfeld der Veröffentlichung selbst entscheidet und es keinerlei Absprache mit anderen Abteilungen bedarf, wie es bei einer Verlagspublikation die Regel ist. Diese Flexibilität ist vor allem im Hinblick auf eine Buchveröffentlichung die aktuelle Themen als Inhalte aufgreift ein wichtiger Vorteil.

Bei einer Veröffentlichung mit Hilfe eines Self-Publishing-Anbieters arbeitet der Autor unabhängig und verfügt über die komplette Entscheidungsmacht der Gestaltung seiner Inhalte. Er bestimmt alleine über den kreativen Prozess des Schreibens und muss sich nicht den Vorstellungen eines Lektorats bezüglich der Inhalte anpassen.

Im Gegensatz zu einer Verlagspublikation erfolgt die Einräumung der Nutzungs- und Verwertungsrechte an den Self-Publishing-Anbieter über einen kurzen Zeitraum und nicht in so einem großen Umfang. Anbieter wie Amazon verzichten sogar völlig auf die exklusiven Verwertungsrechte. Auch hier kann der Autor flexibel reagieren und zwischen den verschiedenen Anbietern wechseln.

Auch der stationäre Buchhandel wird nach und nach zunehmend von der Self-Publishings-Industrie als Absatzmarkt für ihre Publikationen verwendet. Immer häufiger führen Buchhandlungen Self-Publishing-Titel in ihren Verzeichnissen von bestellbaren Büchern auf. Zwar dominieren nach wie vor Verlagspublikationen die Präsenz in den Buchhandlungen, jedoch ist dieser Vertriebsweg kein Alleinstellungsmerkmal der Verlage mehr.

Ein weiterer Vorteil für Autoren, die sich für diesen Publikationsweg entscheiden, ist die deutlich höhere Gewinnbeteiligung an den verkauften Exemplaren. Während bei einer Verlagsveröffentlichung prozentuale Beteiligungen zwischen 5 und 12 Prozent der Fall sind, kann es beim Self-Publishing zu prozentualen Beteiligungen zwischen 12 und 80 Prozent kommen. Die Zahlen lassen sich nicht pauschal festlegen und variieren je nach Anbieter.

Contra

Die Selektionskompetenz wird beim Self-Publishing auf den Leser abgetragen. Im Vorfeld der Veröffentlichung werden die Inhalte von keiner Instanz auf ihre qualitative Eignung bezüglich des Inhalts oder der didaktischen Beschaffenheit überprüft. Es kann jeder seine Inhalte über einen Self-Publishing-Anbieter publizieren, deswegen wird diese Publikationsmethode auch abfällig als „Spam-Publishing" bezeichnet. Gerade Zuschussverlage, die hauptsächlich wissenschaftliche Bücher veröffentlichen, beäugen dieses Konzept sehr kritisch, da auch fachspezifische Inhalte ohne unabhängige Überprüfung auf die Korrektheit auf den Markt geraten. Auch die Tatsache, dass der Autor den Schreibprozess alleine und ohne professionelle Beratung und Unterstützung eines Lektorats bewältigt, erweist sich als Nachteil, da das Lektorat nicht durch externe Dienstleister ersetzbar ist (Vgl. buchreport Online 2011). Zwar bieten einige Self-Publishing-Anbieter Korrekturlesungen des Manuskripts an, jedoch ist die Unterstützung und Beratung nicht so umfangreich wie bei einer Verlagsveröffentlichung.

Der Autor wird komplett in den Herstellungs-, Vermarktungs-, und Vertriebsprozess miteinbezogen. Dies erfordert neben dem Schreiben des Werks einen zusätzlichen hohen Zeit- und Arbeitsaufwand. Nach der Auswahl eines geeigneten Anbieters muss er sich z.B. der Frage stellen in welcher Form sein Buch veröffentlicht werden soll. All diese mit der Publikation verbundenen Prozesse erfordern ein hohes Engagement und Wissen über zum Beispiel aktuell technologische Trends.

Durch den Digitalisierungsprozess der im Buchmarkt stattfindet und dem Wegfallen der Eintrittsbarrieren kann mit Hilfe eines Self-Publishing-Anbieters jeder zum Autor werden. Um sich von der breiten Masse abzuheben bieten das Web 2.0 und Social-Media-Netzwerke zwar gute Plattformen, können jedoch nicht mit den umfangreichen Vermarktungsstrategien eines Verlags konkurrieren. Die meisten Autoren gehen in der breiten Masse unter und werden erst gar nicht vom Großteil der Leser wahrgenommen. Dies liegt auch daran, dass Inhalte, die über Self-Publishing-Plattformen veröffentlicht werden, sich meist mit Nischenthemen befassen.

Ein weiteres Defizit ist im stationären Buchhandel zu erkennen, in dem nach wie vor Verlagsbücher einen Großteil der angebotenen Bücher ausmachen. Ein Grund dafür zum Beispiel ist, dass beim PoD-Konzept Bücher erst bei konkreter Nachfrage gedruckt werden.

Im Vergleich zu Verlagsproduktionen, die meist in großer Anzahl gedruckt und sowohl beim Verlag als auch im Zwischenhandel vorrätig gehalten werden, kann es bei Self-Publishing-Titeln, die meist nur in Kleinstauflagen gedruckt und erst bei konkreter

Nachfrage nachgedruckt werden, zu längeren Lieferzeiten kommen. Self-Publishing-Titel sind also nicht so oft und schnell wie Verlagspublikationen verfügbar.

4 Interpretationen der beiden Publikationswege

Im folgenden Abschnitt werden anhand der gewonnenen Erkenntnisse aus Kapitel drei, die Gemeinsamkeiten und Unterschiede der beiden Publikationswege aus Autorensicht, die da wären über einen traditionellen Verlag ein Buch zu veröffentlichen oder mit Hilfe eines Self-Publishing-Anbieters ein Buch auf den Markt zu bringen, aufgezeigt. Außerdem wird beschrieben wie die beiden Publikationswege miteinander verflechtet sind.

Im Gegensatz zu den traditionellen Verlagen gibt es bei Self-Publishing-Anbietern keine Eintrittsbarrieren für den Autor, der seine Inhalte publizieren möchte. Ein weiterer Unterschied ist, dass Autoren bei einem Self-Publishing-Anbieter keine Nutzungs- und Verwertungsrechte abtreten müssen, was bei traditionellen Verlagen die Regel ist. Außerdem ist die Autorenvergütung bei einer Veröffentlichung mit einem Self-Publishing-Anbieter wesentlich höher, wie in den vorherigen Kapiteln beschrieben wurde. Nicht zu vernachlässigen ist, dass bei einer Veröffentlichung mit einem Self-Publishing-Anbieter der Autor freie Entscheidungsmöglichkeiten bezüglich des Inhalts, Layouts, Design etc. hat und aus den verschiedenen Servicepaketen wählen kann. Auf weitere Unterschiede wird in dieser wissenschaftlichen Arbeit nicht näher eingegangen, da diese sonst den Rahmen sprengen würden. Die Gemeinsamkeiten spiegeln sich in derselben Zielgruppe der Leserschaft, sowie dem Agieren auf denselben Märkten wieder. In beiden Geschäftsmodellen ist der Autor derjenige, der die Inhalte generiert und bereitstellt und somit der Ursprung beider Wertschöpfungsketten. Bei beiden Geschäftsmodellen unterschreibt der Autor einen Vertrag, der z.B. Vereinbarungen über die Rechte und Vergütung trifft. Die Grenze zwischen traditionellen Verlagen und Self-Publishing-Anbietern verschwimmt immer mehr: traditionelle Verlage bieten zunehmend E-Books über Online-Portale an und Self-Publishing-Publikationen sind zunehmend im stationären Buchhandel anzutreffen.

5 Fazit und Ausblick

Im folgenden Schlusskapitel werden anhand der gewonnenen Erkenntnisse aus dem Hauptteil die Leitfragen aus der Einleitung aufgegriffen, zusammengefasst und interpretiert. Zusätzlich wird ein Ausblick für das traditionelle Verlagswesen in Deutschland unter Berücksichtigung der im Hauptteil erzielten Ergebnisse gegeben.

Die Markanteile der Self-Publishing-Anbieter in Deutschland wachsen von Jahr zu Jahr. Die traditionellen Verlage versuchen mit eigenen Self-Publishing-Plattformen dieser Entwicklung entgegenzuwirken. Die klassische Form des traditionellen Verlagswesens wird es in der Zukunft nicht mehr geben, denn die beiden Geschäftsmodelle vermischen sich zunehmend. Traditionelle Verlage versuchen ihre Inhalte in klassischen sowie digitalen Formaten an die Leserschaft zu vertreiben. Die Hauptgefahren für das traditionelle Verlagswesen sind, dass die Autoren sich von diesen abwenden und aufgrund der Vorteile wie zum Beispiel des Wegfallens der Eintrittsbarrieren zu Self-Publishing-Anbietern wechseln können. Dies hätte zur Folge, dass die traditionellen Verlage die Grundlage ihres Geschäftsmodells verlieren wenn die Autoren ihre Publikationen bei Self-Publishing-Anbietern veröffentlichen. Das Wegfallen der Gatekeeper Rolle der traditionellen Verlage hat den Buchhandel revolutioniert. Die Verlage sind nun gezwungen die guten Autoren davon zu überzeugen, ihre Werke bei einem traditionellen Verlag zu verlegen. Eine weitere Gefahr für die klassischen Verlage ist das die Autoren bei Self-Publishing-Anbietern eine höhere Vergütung erhalten und den Preis des Buches selbst bestimmen können. Autoren müssen ihre Nutzungs- und Verwertungsrechte an die Verlage abtreten und sich somit über einen längeren Zeitraum an diese binden, was wiederrum bei Self-Publishing-Anbietern nicht der Fall ist. Außerdem lässt sich ein Buchprojekt mit Hilfe eines Self-Publishing-Anbieters deutlich schneller realisieren. Trotz der vielen Gefahren die dem Geschäftsmodell des klassischen Verlagswesens durch das Self-Publishing droht, zeigen die Zahlen der Verlagsbranche in Deutschland aus den vorherigen Kapiteln, dass sich der Self-Publishing-Markt im Vergleich zu den USA noch im Anfangsstadium befindet und sich die Verlage aufgrund der Digitalisierung des Buchmarktes weiterentwickeln.

Literatur- und Quellenverzeichnis

Romy Peemüller. 2012. Self Publishing - Bedeutung für das "klassische" System Autor - Verlag (PPM11) / vorgelegt von Romy Peemüller an der Hochschule der Medien. 1. Prüfer: Ulrich Huse

Bramann. 2009. Bücher und Büchermacher : Verlage als Umschlagplätze für Ideen und Informationen; Inhalte auswählen, kalkulieren und vermarkten; vom Verlag zum Leser - das Netz der Branche; Menschen und Berufe rund ums Büchermachen; Bücher - sinnliche Medien gestern, heute und in Zukunft / Wolfgang Ehrhardt Heinold ; Frankfurt am Main : Bramann, 2009

Stefan Weidle. 2010. faz..net [Online] 01.04.2010 http://www.faz.net/aktuell/feuilleton/buecher/2.1719/zukunft-der-verlagsbranche-die-unabhaengigen-staerken-1953571.html

Maria Altepost. 2012. Self-Publishing Geschäftsmodelle http://www.buchmarkt.de/content/53280-soenke-schulz-ueber-self-publishing-geschaeftsmodelle-und-die-zukunft-von-und-mit-e-books.htm

Marcel Knöchelmann. 2012. die-self-publishing-revolution http://www.verlagederzukunft.de/die-self-publishing-revolution/

o.V. 2013 Self-Publishing Studie: Warum Autoren wirklich selber verlegen http://www.buchmarkt.de/content/56530-self-publishing-studie-warum-autoren-wirklich-selber-verlegen.htm?hilite=zukunft-Verlage

o.V. 2013. Das Verlagsmodell der Zukunft

http://www.buchreport.de/nachrichten/verlage/verlage_nachricht/datum/2013/09/25/das-verlagsmodell-der-zukunft.htm

Maximilian Probst, Kilian Trotier 2012: Gigant ohne Geist

http://www.zeit.de/2012/35/Verlag-Buchhaendler-Amazon

Jens Kassner. 2012: Verlag kommt von Vorlegen

http://www.freitag.de/autoren/jkassner/verlag-kommt-von-vorlegen

Anna Cavalcanti Lima. 2012: Unser Schicksal hängt nicht von den Sternen ab, sondern von unserem Handeln. http://selbstverlegen-leicht-gemacht.blogspot.de/2012/11/self- publishing-keine-gefahr-fur.html

Ansgar Warner. 2012: Kein Goldrausch in Sicht: Jeder zweite Self- Publishing-Autor verdient weniger als 500 Dollar http://www.e-book-news.de/kein-goldrausch-in-sicht-jeder-zweite-self-publishing-autor-verdient-weniger-als-500-dollar/

o.V. 2013 E-Books überholen nach Amazon auch auf eBook.de gedruckte Bücherhttp://www.telekompresse.at/EBooks_ueberholen_nach_Amazon_auch_auf_eB ook- de_gedruckte_Buecher_.id.24220.htm

o.V. 2013 Buch und Buchhandel in Zahlen http://www.boersenblatt.net/

o.V. 2013 Verlage garantieren Qualität

http://www.boersenblatt.net/373296/template/bb_tpl_branchenzahlen/

Pressemeldung. 2012 Aktuelle Befragung unter Autoren und Verlagen: Gedruckte

Bücher, Verlagsbindung und ein besseres Marketing gewünscht

http://www.leipzigerbuchmesse.de/LeMMon/PRESSE.NSF/messewebger_lbm/FCBDD 4B5C01ADB9FC12579BF005709FD?OpenDocument&lang=de&style=lbm

Sabine Schwietert. 2012 Selfpublishing: Die Einlasskontrolle ist abgeschafft

http://www.boersenblatt.net/523697/

o.V. 2013. The Future of Publishing: Die neue Macht von Lesern, Autoren – und Smartphones http://www.boersenblatt.net/639897/

Astrid Herbold. 2013. Amazons Pläne für den Buchmarkt

http://www.zeit.de/kultur/literatur/2013-04/amazon-selfpublishing-books-on-demand